BEI GRIN MACHT SICH IHR WISSEN BEZAHLT

Trainingsplanung für einen Makroplan mit Mesozyklen

Doris Deisinger

Bibliografische Information der Deutschen Nationalbibliothek:

Die Deutsche Nationalbibliothek verzeichnet diese Publikation in der Deutschen Nationalbibliografie; detaillierte bibliografische Daten sind im Internet über http://dnb.d-nb.de abrufbar.

ISBN: 9783346582850
Dieses Buch ist auch als E-Book erhältlich.

Einsendeaufgabe

Fachmodul:	Trainingslehre I
Studiengang:	Fitnessökonomie
Datum Präsenzphase	**26.04. - 29.04.2021**
Name, Vorname:	Deisinger, Doris
Semester:	**WS 2020**

Inhalt

1   Diagnose

Für folgende Testperson soll eine Trainingsplanung für das Krafttraining erstellt werden. Ein Makrozyklus mit einem Zeitraum von sechs Monaten wird anhand des Stufen-Modells der Trainingssteuerung geplant und erstellt. Um eine effiziente Trainingsplanung zu erarbeiten, wurden im Eingangsgespräch die allgemeinen und biometrischen Daten der Testperson erfasst. Des Weiteren wurde ein Krafttest nach dem Prinzip des subjektiven Belastungsempfinden durchgeführt.

1.1   Allgemeine und biometrische Daten

Tabelle 1: Tab. 1: Allgemeine und biometrische Daten der Testperson (eigene Darstellung)

Alter	24 Jahre
Geschlecht	Weiblich
Körpergröße	168 cm
Körpergewicht	72 kg
Trainingsmotive	Kraft steigern, Gewicht verlieren, gesund und fit werden
Berufliche Tätigkeit	Kauffrau für Büromanagement in Vollzeit
Bisherige sportliche Aktivität	Fahrradfahren (Outdoor), nicht regelmäßig geschätzte Strecke circa 6 km
Aktuelle sportliche Aktivität	Fahrradfahren (Outdoor) circa 4-5-mal pro Monat Durchschnittliche Strecke: 8-10 km Leistungsstufe: Beginner
Blutdruck	123 mmHg zu 83 mmHg
BMI	25,51kg/m²
Allgemeiner Gesundheitszustand	Keine gesundheitlichen Einschränkungen, leichte Verspannungen im Nackenbereich
Zeitlicher Verfügungsrahmen	2-3-mal pro Woche, pro Einheit max. 90 Minuten

Anhand der gesammelten Daten lässt sich die Belastbarkeit der Person bewerten. Zunächst lässt sich mithilfe des Body-Mass-Index die Körperkomposition bestimmen. Hierbei wird das Körpergewicht in Kilogramm ins Verhältnis mit der Körpergröße in Meter gestellt. Unser Proband weist einen BMI von 25,51 kg/m², welcher laut der World Health Organization for Europe leicht über dem Normalbereich liegt. Nachfolgende Tabelle zeigt die Einstufungen des BMI.

Tabelle 2: Tab. 2: Nutritional status (nach WHO Europe)

BMI	Nutritional status
Below 18.5	Underweight
18.5 – 24.9	Normal weight
25.0 – 29.9	Pre-obesity
30.0 – 34.9	Obesity class I
35.0 – 39.9	Obesity class II
Above 40	Obesity class II

Da es sich nur um eine leichte Abweichung über dem Normalbereich handelt, ist dies für die Trainierbarkeit nicht von Bedeutung. In der Zielsetzung sollte dies aber dann berücksichtigt werden, vor allem im Hinblick auf die mangelnde Bewegung im Berufsalltag. Grundsätzlich lässt sich die Person als Trainingsanfänger einstufen, da bisher nur unregelmäßig Ausdauertraining in Form von Fahrradfahren und erst seit einem kurzen Zeitraum eine Regelmäßigkeit stattgefunden hat. Im Bereich Krafttraining weist die Person keinerlei Erfahrungen auf, folglich wird hier mit einer moderaten Belastung gestartet. Dies ist insoweit wichtig, dass das aktive und passive Bewegungssystem nicht überfordert werden und stets trainingsinduzierte Anpassungen stattfinden können. Bei der Betrachtung des biometrischen Parameter Blutdruck sind keine Auffälligkeiten zu erkennen. Folgende Tabelle der deutschen Gesellschaft für Kardiologie zeigt, dass der Blutdruck systolisch und diastolisch im Normalbereich liegt.

Tabelle 3: Tab. 3: Klassifikation des Blutdrucks (nach ESC/ESH 2018)

Kategorie	Systolisch (mmHg)		Diastolisch (mmHg)
Optimal	< 120	und	< 80
Normal	120- 129	und/oder	80- 84
Hochnormal	130- 139	und/oder	85- 89
Hypertonie Grad I	140- 159	und/oder	90- 99
Hypertonie Grad II	160- 179	und/oder	100- 109
Hypertonie Grad III	≥ 180	und/oder	≥ 110
Isolierte systolische Hypertonie	≥ 140	und	< 90

Ansonsten gibt es keine ärztlichen oder gesundheitlichen Einschränkungen, lediglich stellte sich im Eingangsgespräch heraus, dass der Proband leichte Nackenverspannungen als Folge der weitgehend sitzenden Tätigkeit im Beruf hat. Für die Belastbarkeit hat dies keinen Einfluss, doch sollte in der Trainingsplanung ein Schwerpunkt auf die Stärkung der Rücken- und Nackenmuskulatur gelegt werden. Zusammenfassend ist festzuhalten, dass die Testperson eine gute Ausgangslage ohne weitere gesundheitlichen Einschränkungen mitbringt.

1.2 Krafttestung

Für den anschließenden Krafttest wurde sich für die Methode der Intensitätsbestimmung über das subjektive Belastungsempfinden, auch sogenannter induktiver Ansatz der Intensitätsbestimmung (Willimczik et al., 1991), entschieden. Neben dieser Methode können auch weitere Verfahren wie der Maximalkrafttest (1-RM-Test) oder der Mehrwiederholungskrafttest (X-RM-Test) angewendet werden. Bei dem 1-RM-Test und des X-RM-Test wird der Sportler bereits stark ausbelastet. Beim 1-RM-Test wird die Last ermittelt, welche gerade so ein einziges Mal bewegt werden kann. Die verschiedenen Testsätze führen zu einer starken Belastung, bis schließlich, die entsprechende Last ermittelt werden kann. Ähnlich verhält es sich beim X-RM-Test. Hierbei wird eine vorher festgelegte Wiederholungszahl mit einem maximal bewältigbaren Gewicht ermittelt. Auch bei diesem sportmotorischen Krafttest führen die Testsätze mit dessen vielen Wiederholungen zu einer Vorermüdung oder starken Belastung. Vor allem für Trainingsanfänger stellen diese Verfahren auch ein gesundheitliches Risiko dar. Aus diesen vorangegangenen Gründen wird auf den 1-RM-Test und den X-RM-Test verzichtet und die Bestimmung nach den subjektiven Belastungsempfinden empfohlen (Trunz et al., 2002). Bei dieser Intensitätsbestimmung wird mit RPE-Skalen gearbeitet, welche in verschiedene Stufen des subjektiven Belastungsempfinden eingeteilt sind. Der Sportler muss lediglich sein Belastungsempfinden in mittel bis schwer beurteilen, um sein Trainingsgewicht zu ermitteln. Folglich muss die Trainingsperson nie die maximale Last bewältigen und somit findet nur eine leichte Vorermüdung statt. Beim folgenden Krafttest mit der Testperson, wird mit der Borg-Skala modifiziert nach Boeckh-Behrens et al. (2002) gearbeitet. Diese hat sich bereits in der Trainingspraxis bewährt.

Tabelle 4: Tab. 4: Siebenstufige Skala zur Ermittlung des subjektiven Belastungsempfindens (modifziert nach Boeckh-Behrens et al., 2002, S. 32)

Stufe	subjektives Belastungsempfinden
1	sehr leicht
2	leicht
3	leicht bis mittel
4	mittel
5	mittel bis schwer
6	schwer
7	sehr schwer

Anhand der angeführten Tabelle kann mit dem Probanden, sein jeweiliges Trainingsgewicht ermittelt werden. Das subjektive Belastungsempfinden sollte hierbei stets im Bereich der Stufen vier bis sechs liegen, empfohlen nach Boeckh-Behrens et al. (2002) für das fitness- und gesundheitsorientierte Krafttraining.

Bevor man jedoch den Krafttest mit dem induktiven Ansatz der Intensitätsbestimmung startet, muss eine Auswahl an Testübungen getroffen werden. Diese Testübungen werden dann auch in den ersten Mesozyklus aufgenommen. Die Übungsauswahl orientiert sich hierbei am Trainingsstatus der Testperson.

Anschließend wird das Trainingsziel und eine entsprechende Wiederholungszahl bestimmt. Trainingsziele können unter anderem Kraftausdauer, Muskelaufbau und Maximalkraft sein. In diesem Fall wird im ersten Mesozyklus mit der Kraftausdauer gestartet mit je 20 Wiederholungen pro Satz. Nachdem diese beiden Parameter festgelegt wurden, kann mit der Trainingsperson gestartet werden.

Zu Beginn des Krafttests erfolgt das allgemeine Aufwärmen und das spezielle Aufwärmen. Das Aufwärmen trägt zur Erhöhung der Körperkerntemperatur, der Mobilisation des Herz-Kreislaufsystem bei und beugt Verletzungen vor. Des Weiteren ist es wichtig, dass sich der Trainierende auch mental auf die bevorstehende Trainingseinheit vorbereitet und einstimmt. Das allgemeine Aufwärmen führt der Proband für circa zehn Minuten auf dem stationären Fahrrad durch. Im Anschluss folgt das spezielle Aufwärmen, bei dem dann lokale Muskelgruppen und Gelenkstrukturen stimuliert werden. Sobald das Aufwärmen absolviert worden ist, erfolgt vom Trainer die Abschätzung des Einstiegsgewicht für die jeweiligen Testübungen. Danach werden ein bis drei Testsätze absolviert, bis das Trainingsgewicht ermittelt wurde, dass vom Trainierenden als mittel bis schwer eingeschätzt wurde. Je weniger Testsätze benötigt werden, desto geringer ist die anschließende Vorermüdung. Zwischen den Testsätzen wird eine Pause von 1-3 Minuten eingehalten, damit die Leistungsfähigkeit wiederhergestellt werden kann.

Tabelle 5: Tab. 5: Durchführung Testsätze und Ergebnisse Krafttest (eigene Darstellung)

Testübungen	Wdh.	1. Testsatz	2. Testsatz	3. Testsatz	Ergebnis
90° Beinpresse	20	25 kg	30 kg	-	30 kg
Schrägbankdrücken mit Kurzhantel	20	6 kg	8 kg	7 kg	7 kg
Latzug zur Brust am Seilzug	20	10 kg	12 kg	-	12 kg
Brustpresse	20	10 kg	12 kg	-	12 kg
Rudern am Gerät	20	12 kg	-	-	12 kg
Rumpfextension am Gerät	20	10 kg	12 kg	14 kg	14 kg
Rumpfflexion auf der Matte (	max.	-	-	-	-

Natürlich ist das Arbeiten mit einer RPE-Skala nur ein ungefährer Anhaltspunkt und kann auch nicht wirklich standardisiert werden. Grundsätzlich verfügt jeder Mensch über individuelle Empfindungen, die voneinander stark abweichen. Demzufolge existieren hier keine Norm- oder Referenzwerte aufgrund zahlreicher Störfaktoren.

Für den fitness- und gesundheitsorientierten Kraftsport reichen aber Annäherungswerte vollkommen aus. Schlussfolgernd ist hier kein interindividueller Leistungsvergleich gegeben, jedoch können die zwei weiteren Kernaufgaben der Krafttestung problemlos erfasst werden. So ist ein intraindividueller Leistungsvergleich gegeben, bei dem man die individuelle Leistungsentwicklung dokumentiert. Dies geschieht mithilfe des Trainingsplan, denn dort können Gewichtssteigerungen und Wiederholungszahlen erfasst werden.

Als zweiten Punkt ist die Ableitung der Trainingsintensität für den anstehenden ersten Mesozyklus gegeben. Die zuvor ermittelten Gewichte im Krafttest sind maßgeblich für den ersten Trainingsblock.

2 Zielsetzung/Prognose

Tabelle 6: Tab. 6: Zielsetzungen mit Begründung (eigene Darstellung)

	Inhalt	Ausmaß	Zeit
Ziel 1	Gewichtsreduktion	5 kg	3 Monate
Ziel 2	Senkung BMI	Unter 25 (im Normbereich)	3 Monate
Ziel 3	Krafsteigerung im Krafttest	Steigerung um 15 %	6 Wochen
Begründung Ziel 1	Die Testperson gab im Eingangsgespräch an, dass sie an Gewicht verlieren möchte. Wichtig ist, dass das Ziel „Gewichtsreduktion" auch klar definiert wird und somit messbar ist. Der Proband weist eine gute gesundheitliche Ausgangslage auf. Eine realistische Einschätzung der Senkung des Körperfetts lässt sich auf 250-500g pro Woche bestimmen. Demzufolge wird das Ziel Gewichtsreduktion auf 5 kg in den nächsten 3 Monaten definiert. Unterstützend wird dem Sportler noch ein Ernährungsplan ausgehändigt, um ein Kaloriendefizit zu garantieren. Das Körpergewicht wird immer zur gleichen Uhrzeit und unter gleichen Bedingungen gemessen.		
Begründung Ziel 2	Ein weiteres biometrisches Ziel ist die Senkung des leicht erhöhten Body-Mass-Index. Dieses Ziel resultiert aus dem vorangegangenen Ziel der Gewichtsreduktion. Bei der Diagnose wurde festgestellt, dass der BMI bei 25,51 kg/m² liegt. Die oben angeführte Tabelle 2 zeigte bereits, dass unsere Testperson mit ihrem BMI in die Preadipositas eingestuft wird. Der Normalbereich erstreckt sich von 18,5 – 24,9 kg/m². Hier ist also ein leicht erhöhter BMI gegeben. Die Gewichtsreduktion trägt maßgeblich dazu bei, dass der BMI in den Normalbereich rutscht. Deshalb soll der BMI, auch wie die Gewichtsreduktion, in den nächsten drei Monaten unter 25 fallen. Es sind keine Einschränkungen oder Vorerkrankungen gegeben, die das Ziel möglicherweise beeinflussen. Der BMI wird in regelmäßigen Abständen neu berechnet.		
Begründung Ziel 3	Als letztes und sportmotorisches Ziel wird die Kraftsteigerung im Krafttest festgelegt. Der Trainierende gab bereits an, dass er seine Kraft steigern möchte. Es muss auch hier wieder eine klare Definition des Ziels erfolgen. Es handelt sich hier um einen Trainingsanfänger, sodass eine Steigerung von circa 15% im ersten Mesozyklus (Dauer 6 Wochen) realistisch zu erreichen ist. Die Kraftsteigerung wird durch Pre- und Re-Tests mittels eines Krafttests gemessen. Ebenfalls ist wieder zu beachten, dass die Ausgangsbedingungen und der Ablauf des Krafttests identisch sein müssen, um so klare Vergleiche feststellen zu können. Diese Vergleiche sind natürlich an der einen Hand für die Dokumentation der Trainingssteuerung wichtig und an der anderen Hand natürlich auch für die Motivation des Trainierenden.		

3   Trainingsplanung Makrozyklus

Die nachstehende Tabelle zeigt detailliert den Aufbau des Makrozyklus mit dessen Mesozyklen und einer klassischen Blockperiodisierung.

Tabelle 7: Tab. 7: Makrozyklusplanung (eigene Darstellung)

	Mesozyklus 1	Mesozyklus 2	Mesozyklus 3	Mesozyklus 4
Zyklusdauer:	6 Wochen	6 Wochen	6 Wochen	6 Wochen
Trainingsziel:	Kraftausdauer-training	Übergangstraining	Muskelaufbau-training (extensiv)	Muskelaufbau-training (intensiv)
Einheiten/Woche	2-3	2-3	2-3	2-3
Organisationsform:	GK/Curcuit	GK/Curcuit	GK/Station	GK/Station
Übungen/Muskelgruppe:	1-2	1-2	1-2	1-2
Sätze/Übungen:	2	2	2	2
Satzpausen:	60 Sekunden	60 Sekunden	60 Sekunden	90 Sekunden
Wiederholungen:	20	15	10	6
Intensität:	subj. „mittel" bis „schwer"	subj. „mittel" bis „schwer"	subj. „schwer"	subj. „schwer"
Bewegungstempo:	2/0/2	2/0/2	2/0/2	2/0/2

Der trainingsmethodische Ansatz erfolgt als sanftes Krafttraining auf Basis des subjektiven Belastungsempfinden für Trainingsbeginner, welches von Buskies und Boeckh-Behrens (2009) empfohlen wird. Vor allem im fitness- und gesundheitsorientierten Krafttraining geht es nicht um die äußerst genaue Ermittlung der bestmöglichen Trainingsintensität, weshalb das subjektive Belastungsempfinden auch für Krafttrainingseinsteiger gut geeignet ist. Darüber hinaus lernt der Proband mit einem zunehmenden Leistungsniveau sein subjektives Belastungsempfinden besser kennen und kann so die Intensität immer besser beurteilen.

Zu beachten ist weiterhin der Gesundheitszustand der Testperson. Wie in Tab. 1 aufgeführt, lassen sich keine bedeutenden gesundheitlichen Einschränkungen des Trainierenden feststellen. Lediglich wurde über leichte Verspannungen im Nackenbereich geklagt, welche aber zunächst keinen Einfluss auf die Wahl der Mesozyklen hat.

Der Makroplan befasst sich in den ersten beiden Blöcken mit einem umfangsorientierten Krafttraining und in den letzten beiden Blöcken mit einem intensitätsorientierten Krafttraining. Als Folge dessen ist die langfristige Trainingsplanung als klassische Blockperiodisierung bzw. lineare Periodisierung (Fröhlich, Müller, Schmidtbleicher & Emrich, 2009; Kraemer & Fleck 2007) aufgebaut. Von Mesozyklus zu Mesozyklus wird progressiv die Intensität gesteigert und die Wiederholungszahlen reduziert,

Wie bereits erwähnt, handelt es sich beim Probanden um einen Trainingsanfänger. Demnach beginnt der erste Mesozyklus mit einem sechswöchigen Block der Kraftausdauer. Gerade im umfangsorientierten Krafttraining finden Verbesserungen im Bereich des anaerob-laktaziden Stoffwechsels und eine Erweiterung der Muskelkapillarisierung statt. Beim Beginner ist zu beachten, dass das Krafttraining nun einen neuen Reiz für den Körper darstellt. Das gesamte aktive und passive Bewegungssystem muss so langsam an die neue Belastung herangeführt werden. Hierzu zählt nicht nur die Skelettmuskulatur, sondern eben auch beispielsweise die Knochen, Knorpel, Sehnen und der Kapsel-Band-Apparat. So löst der Mesozyklus mit seinem ersten neuen Trainingsreiz, bereits Adaptationen aus. Anschließend folgt das Übergangstraining für sechs Wochen, welches den Trainierenden an höhere Intensitäten gewöhnen soll. Daraufhin folgt das Muskelaufbautraining extensiv und intensiv. Die beiden letzten Mesozyklen stellen eine höhere Belastung für das Bewegungssystem dar, weshalb sie auch erst zur Mitte und Ende des ersten Makroplans eingeplant werden. Das Bewegungssystem konnte so erste Adaptationen realisieren, außerdem kann das Risiko einer Überbelastung minimiert werden. Darüber hinaus steht beim intensitätsorientierten Krafttraining der Aufbau von Muskelmasse, also primär Muskelhypertrophie und somit ein höheres Kraftniveau im Fokus.

Bei den Belastungsparametern ist zunächst festzulegen, wie viele Einheiten pro Woche der Proband zeitlich absolvieren kann und wie seine Leistungsvoraussetzungen dahingehend einzuschätzen sind. Der Sportler gab einen zeitlichen Verfügungsrahmen von 2-3-mal pro Woche an. Es kann festgehalten werden, dass 2-3 Trainingseinheiten als Beginner mehr als ausreichend sind. Oftmals sind Sportneulinge zu Beginn hochmotiviert und müssen etwas gebremst werden. Wirth, Aatzor und Schmidtbleicher (2007) konnten bereits feststellen, dass für Trainingsbeginner schon eine Trainingseinheit pro Woche zu Muskelmassezuwächsen führen kann. Bei zwei bis drei Einheiten wurde noch ein größerer Muskelzuwachs verzeichnet. Infolgedessen werden zwei bis drei Trainingseinheiten im Plan festgelegt.

Weiterhin werden 1-2 Übungen pro Muskelgruppe eingeplant, orientiert an Defizite bzw. Schwachstellen und an der Größe der Muskelgruppe. So reicht bei einem anatomisch kleineren Muskel eine Übung primär aus, um einen Trainingsreiz zu erzielen. Zusätzlich wird der kleinere Muskel oftmals bei Übungen für große Muskelgruppen mittrainiert. Zum Beispiel wird bei verschiedenen Brustübungen primär der M. pectoralis major beansprucht aber auch der M. triceps brachii. Des Weiteren erfolgen immer zwei Sätze pro Übung. Einerseits um den zeitlichen Rahmen zu begrenzen und zum anderen sind zwei Sätze mit einer Intensität von „subjektiv schwer" völlig ausreichend für den Trainierenden. Studien zeigten die Überlegenheit eines Mehrsatz-Trainings wie beispielsweise von Greiwing & Freiwald (2005). Jedoch zeigte auch Wolfe et al. (2004), dass für Trainingsbeginner auch ein Einsatz-Training empfohlen werden kann. Wie bei Tabelle 4 angeführt, wird sich bei der Intensität zwischen den Stufen 4-6 orientiert, das heißt mittel bis schwer.

Die Einschätzung der Gewichte mit dem subjektiven Belastungsempfinden wird im Laufe des Makroplans immer besser, da der Proband durch das Krafttraining sein eigenes Empfinden besser kennenlernt. Für die Testperson wird eine muskuläre Ausbelastung vermieden, da ein sanftes Krafttraining im Fitness- und Gesundheitssport völlig ausreichend ist. Bei den Untersuchungen der Trainingseffekte verglich Buskies (1999) das Krafttraining bis zur muskulären Ausbelastung mit einem eher sanften Krafttraining. Es zeigte sich, dass auch bei einem sanften und submaximalen Krafttraining sich deutliche Kraftsteigerungen und Veränderungen des Körperbaus feststellen lassen.

Bei den Organisationsformen wurde einheitlich über den Makroplan ein Ganzkörpertraining geplant. Das Split-Training kommt hierbei nicht in Frage, da das Zeitbudget des Sportlers bei 2-3 Einheiten pro Woche liegt. Ziel ist es jede Muskelgruppe zweimal pro Woche zu trainieren und das wäre im Fall eines Split-Training z. B. bei einem 2er-Split mit mindestens 4 Einheiten pro Woche nicht möglich. Weiterhin wird das GK-Training im umfangsorientierten Krafttraining als Circuittraining und im intensitätsorientierten Krafttraining als Stationstraining durchgeführt. Hintergrund hierfür ist zum einen die Abwechslung und Motivation für den Trainierenden. Vor allem im fitness- und gesundheitsorientierten Krafttraining ist es wichtig, dass Neueinsteiger immer wieder Abwechslung im Training haben und somit die Freude und Motivation nicht verlieren. In den ersten beiden Mesozyklen ist ein Circuittraining geplant. Hier hat der Trainierende den Vorteil, dass alle Übungen in relativ kurzer Zeit absolviert werden können. Der Proband absolviert zum Beispiel 20 Wiederholungen an der ersten Station und wechselt dann zur Nächsten. Dabei wird darauf geachtet, dass die darauffolgende Station eine andere Muskelgruppe beansprucht. Hat er alle Stationen durch, beginnt er von Neuem. Nach zwei durchlaufenen Runden hat er seine ganze Trainingseinheit absolviert. Bei den letzten beiden Mesozyklen wird ein Stationstraining angewendet. Es handelt sich bei den letzten beiden Zyklen um ein extensives und intensives Muskelaufbautraining mit wenigen Wiederholungen. Deshalb ist es wichtig, dass sich der Proband auf die zwei Sätze eines Gerätes besser fokussieren und die Satzpause aktiv zur Erholung nutzen kann, auch muss das Gerät nicht gewechselt werden. Weiterhin führen die hintereinander ausgeführten Sätze zu einer höheren Muskelermüdung. Zudem ist es gerade im Freizeitsport wichtig den Spaßfaktor hochzuhalten, so sollen die Mesozyklen immer wieder neue Reize und Abwechslung bieten. Im Hinblick auf die Leistungsvoraussetzungen ist es wichtig, dass die Organisationsformen einfach gestaltet sind. Die langfristige Trainingsplanung soll somit einen sanften Einstieg in das Krafttraining ohne Überbelastung ermöglichen und auch durch Abwechslung die Motivation und den Spaß am Training erhalten.

4   Trainingsplanung Mesozyklus

Tabelle 8: Tab. 8: Mesozyklus (Eigene Darstellung)

Mesozyklus:	1	Zyklusdauer	6 Wochen
Einheiten/Woche:	2 bis 3	Trainingsziel	Kraftausdauer
Übungen/Muskelgruppe:	1 bis 2	Intensität	subj. „mittel" bis „schwer"
Sätze/Übung	2	Organisationsform	GK/Circuit
Bewegungstempo	2/0/2	Satzpausen	60 Sekunden

Übungen	Wdh.	Gewicht Woche 1	Gewicht Woche 2	Gewicht Woche 3	Gewicht Woche 3	Gewicht Woche 4	Gewicht Woche 5	Gewicht Woche 6
90° Bein-presse	20	30 kg	30 kg	32,5 kg	32,5 kg	35 kg	37 kg	37,5 kg
KH Schräg-bankdrücken	20	7 kg	7 kg	7 kg	7 kg	8 kg	8 kg	9 kg
Latzug zur Brust am Seil-zug (OG weit)	20	12 kg	14 kg	14 kg	14 kg	16 kg	16 kg	16 kg
Brustpresse (horizontal)	20	12 kg	12 kg	12 kg	12 kg	14 kg	14 kg	14 kg
Rudern am Gerät	20	12 kg	14 kg	16 kg	16 kg	16 kg	17 kg	17 kg
Rumpfexten-sion am Gerät	20	14 kg	15 kg	15 kg	15 kg	15 kg	16 kg	16 kg
Rumpfflexion auf der Matte	Max.	-	-	-	-	-	-	-

Im ersten Mesozyklus liegt das Trainingsziel auf der Kraftausdauer für einen Zeitraum von sechs Wochen. Beim Trainingsanfänger liegt der Fokus zunächst auf dem umfangs-orientierten Krafttraining, sodass die ersten Reize auf den Körper zu Anpassungen führen. Im Vordergrund stehen hier die Verbesserung des anaeroben-laktaziden Muskelstoff-wechsels, außerdem können sich erste Adaptationen bei zum Beispiel den Bändern, Seh-nen und Knochen einstellen. Im Fokus steht auch das Vorbeugen von Verletzungen durch eine zu hohe Belastung, Gerade bei Neueinsteigern führt das zu Demotivation und even-tuellen Befürchtungen einer erneuten Verletzung. Bei der Übungsauswahl wurde auf eine Mischung aus Geräte-, Freihantel-, Seilzugübungen und funktionellen Übungen gesetzt. Der Trainierende soll gleich beim Einstieg in das Krafttraining alle verschiedene Übungs-formen kennenlernen und natürlich hat auch jede Übungsvariante ihre Vorteile. Primär liegt der Fokus jedoch auf Übungen an geführten Maschinen, da sie schnell und einfach zu erlernen sind. Durch die vorgegebene Bewegungsausführung wird die Verletzungsge-fahr reduziert. Darüber hinaus findet auch ein besseres isoliertes Training statt. Gerade bei Trainingsanfängern, welche noch keine ausgeprägte intramuskuläre Koordination ha-ben ist dies von Vorteil. Das heißt bei einem Fortgeschrittenen können innerhalb eines Muskels mehr Muskelfasern neuronal angesteuert werden als bei einem Anfänger. Trotz-dem wurden auch Übungen mit freien Gewichten (hier z. B. Schrägbankdrücken mit der Kurzhantel) eingestreut. Krafttraining mit freien Gewichten fordern ein höheres Maß an

Eigenstabilisation, da der Bewegungsablauf nicht geführt bzw. gestützt wird. Weitere Vorteile sind das Zusammenwirken synergistischen Muskelgruppen, dies schult auch die intermuskuläre Koordination. Die Übungen sind somit anspruchsvoller und sollten vor allem bei Anfänger zu Beginn überwacht werden, damit der Trainierende sich den richtigen Ablauf einprägt und der Trainer gegebenenfalls Unterstützung geben kann. Außerdem zeigt, dass das Training mit freien Gewichten eine größere Steigerung der Kraft herbeiführt als das Training an Maschinen (Stone, Collins, Plisk, Haff & Stone, 2000). Auch bei den Seilzugübungen ist mehr Eigenstabilisation nötig als bei geführten Übungen. Zudem lassen sich bei den Seilzugübungen feinere Gewichtsabstufungen einstellen als bei beispielsweise Kurzhanteln, welche oftmals in 2 kg Schritten unterteilt sind. Zusätzlich werden auch funktionsgymnastische Krafttrainingsübungen, also Körpergewichtstraining eingebaut. Deren Vorteil besteht in erster Linie in der Kräftigung der Rumpfmuskulatur und alle Bewegungen sind sehr alltagsnah. Die genauen Vorteile werden dann bei der Ausführung der einzelnen Übungen erläutert. Daneben dominieren im ersten Mesozyklus mehrgelenkige Krafttrainingsübungen. Mehrgelenkige Übungen sind meist alltagsnäher und trainieren eine ganze Muskelkette. So wird gleich beim Einstieg in das Krafttraining die intermuskuläre Koordination geschult und demzufolge nicht nur eine einzelne Muskelgruppen isoliert trainiert. Da der Proband zu Beginn nach einem Ganzkörperplan trainiert, kann er nicht sämtliche Muskelgruppen durch je eine Übung abdecken. Deshalb dominieren die mehrgelenkigen Übungen, um den Umfang des Trainings zu begrenzen und möglichst viele Muskelgruppen abzudecken. Letztendlich ist eine Mischung aus den oben genannten Punkten die beste Variante, damit der Trainierende Freude und Abwechslung am Training hat. Zudem zeigten bereits Hois & Ziegner (2006), dass mehrgelenkige Übungen, sowie Training mit freien Gewichten, an Seilzügen und funktionsgymnastische Übungen besser auf alltags- und berufsspezifische Bewegungen anwendbar sind.

Beim Ablauf des Trainings wird mit der Übung, die die größten Muskelgruppen beansprucht, gestartet. In diesem Fall ist das die 90° Beinpresse. Der Trainierende führt hier gestützt eine mehrgelenkige Übung, ähnlich wie die Kniebeuge aus. Vorteil ist, dass eine Kniebeuge für einen Trainingsanfänger einen relativ schweren Bewegungsablauf darstellt und viel Stabilität erfordert, hier unterstützt die Beinpresse den Bewegungsablauf. Die primär beanspruchte Muskulatur bei der Extension des Hüftgelenks ist der M. gluteaus maximus, der M. biceps femoris (caput longum), der M. semitendinosus und der M. semimembranosus. Bei der Extension des Kniegelenks wird der M. quadriceps femoris und der Synergist M. tensor fasciae latae beansprucht. Darüber hinaus findet eine leichte Plantarflexion des oberen Sprunggelenks statt, wodurch der M. gastrocnemius und der M. soleus trainiert wird. Es ist schnell ersichtlich, dass die Übung nahezu alle großen Muskelgruppen der unteren Extremitäten trainiert. Würde man hier stattdessen die eingelenkige Übung Beinstrecken an der Maschine einbauen, so wird bei der Extension des Kniegelenks nur der M. quadriceps femoris und der M. tensor fasciae latae trainiert. Folglich muss für die Antagonisten also den M. biceps femoris, M. semitendinosus und dem M. semimembranosus, noch die Übung Beinbeugen an der Maschine ausgeführt werden. Es wird deutlich, dass durch eine komplexere Übung zahlreiche Muskelgruppen abgedeckt werden und somit viel zeiteffizienter gearbeitet werden kann. Ferner fährt die Testperson gerne Fahrrad, mittels der Beinpresse werden sämtliche Muskeln gestärkt, die auch beim Fahrradfahren benötigt werden. Der Proband kann bei regelmäßigem Training in Zukunft längere und anspruchsvollere Strecken absolvieren. Danach folgt die erste Freihantelübung, nämlich das Schrägbankdrücken mit den Kurzhanteln für die oberen Muskelgruppen. Hier wird bei der Ausführung der M. pectoralis major und der M. deltoideus (pars clavicularis) trainiert. Sobald die Extension des Ellenbogengelenks stattfindet, werden noch die kleineren Muskelgruppen M. triceps brachii und der M. anconeus mittrainiert. Diese Übung erfordert ein gewisses Maß an Eigenstabilisation, weshalb sie als erste Brustübung ohne Vorermüdung im Trainingsplan erfolgt. Der Trainierende hat so noch die meiste Energie und Konzentration, um die Übung gewissenhaft auszuführen. Mithilfe dieser Übung lernt der Anfänger bereits, wie wichtig es ist, eine gewisse Körperspannung aufzubauen, um die Gewichte zu stabilisieren. Gerade bei Personen, die im Arbeitsalltag viel sitzen, kann dies eine Herausforderung sein. Umso wichtiger ist es, gleich zu Beginn des Krafttrainings seinen eigenen Körper kennenzulernen und auch im Alltag eine aufrechte Haltung zu garantieren. Damit nun auch die Muskulatur der hinteren Frontalebene trainiert wird, folgt nun eine Seilzugübung. Der Latzug zur Brust mit einem weiten Obergriff trainiert bei der Adduktion des Schultergelenks den M. latissimus dorsi, den M. teres major und den M. deltoideus (pars spinata). Bei der nachfolgenden Gelenkbewegung, der Flexion des Ellenbogengelenks, werden der M. biceps brachii, der M. brachialis und der M. brachioradialis gestärkt. Es ist ersichtlich, dass hier einige Gegenspieler zum Schrägbankdrücken trainiert werden. Dies ist auch von großer Bedeutung, damit der ganze Oberkörper vollumfänglich trainiert wird und keine Dysbalancen entstehen. Daneben erfordert auch diese Übungsvariante eine gewisse Stabilisation im Oberkörper und eine aufrechte Haltung. Danach folgt an der Station „Brustpresse" eine weitere mehr-gelenkige Übung mit Beteiligung weiterer großer Muskelgruppen, welche auch beim Schrägbankdrücken bereits beansprucht wurden. Durch die Anteversion und Adduktion des Schultergelenks werden wieder der M. pectoralis major und der M. deltoideus (pars clavicularis) stimuliert. Die anschließende Extension des Ellenbogengelenks trainiert den M. triceps brachii und M. anconeus. Bei dieser Station wird der Bewegungsablauf durch das Gerät gestützt, wodurch keine große Eigenstabilisation notwendig ist. Das Schräg-bankdrücken und die Brustpresse trainieren im Großteil die gleichen Muskelgruppen. Beim Eingangsgespräch wurde klar, dass der Proband Defizite im Bereich der oberen Extremitäten hat. Eine schlechte Haltung und Nackenschmerzen sind die Folge. Da beim Radfahren bereits die großen Muskelgruppen der unteren Extremitäten trainiert werden, ist die Station Beinpresse ausreichend. Dies ist im Bereich des Oberkörpers nicht der Fall, weshalb jeweils zwei Übungen für die Muskulatur der vorderen und hinteren Frontal-ebene erfolgt. Wie bereits einige Male erwähnt, klagte die Testperson über Nacken-schmerzen. Deshalb folgt nun im Trainingsplan das Rudern an der Maschine. Es sind wieder mehrere Gelenkbewegungen beteiligt und demnach einige große Muskelgruppen. Zunächst wird bei der Retraktion der Schulterblätter der M. trapezius (pars transversa) und die Mm. rhomboidei beansprucht. Bei der anschließenden Retroversion des Schul-tergelenks werden der M. latissimus dorsi, der M. teres major und der M. deltoideus (pars spinata) trainiert. Am Ende der dynamisch-überwindenden Arbeitsphase werden noch der M. biceps brachii, der M. brachialis und der M. brachioradialis durch die Flexion im El-lenbogengelenk gereizt. Bei dieser Station wird der Trainierende wieder geführt. Im Ge-gensatz zum Latzug werden hier zusätzlich der M. trapezius (pars transversa) und die Mm. rhomboidei beansprucht. Vor allem ist oftmals ein schwacher M. trapezius für Na-ckenschmerzen verantwortlich. Somit wird dieser durch das Rudern an der Maschine trai-niert und gelockert und sorgt für eine aufrechte Haltung am Arbeitsplatz. Der Proband wird bei regelmäßigem Training schnell eine Verbesserung der Verspannung bemerken. Da der Körper an der Maschine durch das Brustpolster gestützt wird, muss keine große Eigenstabilisation erfolgen. Nachdem der Oberkörper und der Unterkörper ausreichend trainiert wurden, ist es wichtig auch die Körpermitte bzw. den Rumpf zu stärken. Dies erfolgt zum einem durch die Rumpfextension am Gerät und die Rumpfflexion auf der Matte. Diese beiden Übungen trainieren vor allem die Muskulatur der Wirbelsäule und stärken die Körpermitte und sorgen für eine optimale Haltung. Die eingelenkige Übung

Rumpfextension wird am Gerät ausgeführt. Der Proband setzt sich lediglich in die Maschine und führt eine Streckung der Rumpfwirbelsäule aus. Somit werden die Mm. erector spinae trainiert. Durch die gestützte Bewegungsausführung wird garantiert, dass der Trainierende nach der dynamisch-überwindenden Arbeitsphase auch wieder leicht in die Ausgangsposition zurückfindet. Die nachfolgende Übung trainiert die Antagonisten der Rumpfextension. Bei der funktionellen Übung der Rumpfflexion auf der Matte werden der M. rectus abdominis, der M. oqliquus externus abdominis und der M. obliquus internus abdominis trainiert. Der Sportler hat somit ein variantenreiches GK-Training.

5 Literaturrecherche

Tabelle 9: Tab. 9: Tabellarische Zusammenfassung Studie (nach Naylor, Davis, Kalic, Paramalingam, Abraham, Jones, et al., 2016)

Titel der Studie	Exercise training improves vascular function in adolescents with type 2 diabetes
Autoren	Naylor, L. H., Davis, E. A., Kalic, R. J., Paramalingam, N., Abraham, M. B., Jones, T. W. et al.
Erscheinungsjahr	2016
Forschungsfrage	Es wurde die Hypothese aufgestellt, dass Training die mikro- und makrovaskuläre Gesundheit bei Jugendlichen mit Typ-2-Diabetes mellitus (T2D) verbessert.
Versuchspersonen	Die Studie umfasste 13 Jugendliche zwischen 13 und 21 Jahren mit T2D.
Versuchsaufbau	Die erste Gruppe mit 8 Probanden erhielt für die nächsten 12 Wochen ein Trainingsprogramm, welches im Fitnessstudio durchgeführt wurde. Das Training fand drei Mal pro Woche für je eine Stunde statt und wurde professionell unterstützt und überwacht. Die Kontrollgruppe mit 5 Probanden wurde angewiesen über die nächsten 12 Wochen ihren gewöhnlichen Aktivitätslevel nachzugehen. Des Weiteren wurde die erste Gruppe nach Beenden ihres Trainingsprogramms weitere 12 Wochen beobachtet. Bewertungen fanden vor und nach den 12 bzw. 24 Wochen statt. Bewertet wurden beispielsweise die Insulinempfindlichkeit, der BMI, die aerobe Fitness mittels eines Fahrradergometers und die Muskelkraft mithilfe des 1-RM-Test.
Ergebnisse	Es gab keine Veränderungen bei der kardiorespiratorischen Fitness, des Körpergewichts oder des BMI. Nach Woche 24 wurde festgestellt, dass Verbesserungen in der Gefäßfunktion wieder verschwunden waren. Die Kontrollgruppe verzeichnete einen leichten Anstieg des Körpergewichts, des BMI und der Gesamtfettmasse.
Schlussfolgerungen	Die Studie zeigt, dass Training die mikrovaskuläre Endothelfunktion und die Gesundheit verbessern kann, unabhängig von Veränderungen der Insulinempfindlichkeit bei Jugendlichen mit T2D.

Tabelle 10: Tab. 10: Tabellarische Zusammenfassung Studie (nach Cauza, Hanusch-Enserer, Strasser, Ludvik, Metz-Schimmerl, Pacini, et al., 2005)

Titel der Studie	The Relative Benefits of Endurance and Strength Training on the Metabolic Factors and Muscle Function of People with Type 2 Diabetes Mellitus
Autoren	Cauza, E., Hanusch-Enserer, U., Strasser, B., Ludvik, B., Metz-Schimmerl, S., Pacini, G. et al.
Erscheinungsjahr	2005
Forschungsfrage	Es werden die Vorteile von Kraft- und Ausdauertraining auf die Stoffwechselfaktoren und Muskelfunktionen bei Menschen mit Typ-2-Diabetes mellitus (T2D) untersucht. Dabei werden die Effekte des Ausdauertrainings und des Krafttrainings miteinander verglichen.
Versuchspersonen	Insgesamt umfasste die Studie 39 Personen mittleren Alters mit T2D. Davon waren 20 Männer und 19 Frauen.
Versuchsaufbau	Die Versuchspersonen wurden in zwei Gruppen eingeteilt. Die Krafttrainingsgruppe umfasste 22 Personen, davon 11 Männer und 11 Frauen. Die Ausdauertrainingsgruppe umfasste 17 Personen, davon 9 Männer und 8 Frauen. Die erste Gruppe betrieb für die nächsten vier Monate ein Krafttraining. Pro Muskelgruppe wurden sechs Sätze pro Woche absolviert. Die zweite Gruppe betrieb für die nächsten 4 Monate ein Ausdauertraining. Die Intensität wurde auf 60% des maximalen Sauerstoffverbrauchs festgelegt. Anfangs für eine Dauer von 15 Minuten und anschließend bis maximal 30 Minuten pro Einheit. Hier fanden immer drei Einheiten pro Woche statt. Als Maßnahmen erfolgten Labortests mit der Bestimmung des Blutzuckers, des glykosylierten Hämoglobin (HbA1c), das Insulin und der Lipiden im Blut.
Ergebnisse	In der Krafttrainingsgruppe wurde ein deutlicher Rückgang des HbA1c, des Blutzuckers und des Insulins verzeichnet, während in der Ausdauertrainingsgruppe keine signifikanten Unterschiede festgestellt wurden. Auch reduzierten sich zum Beispiel die Grundwerte des Gesamtcholesterin und des Triglyceridspiegels. Eine Erhöhung zeigte sich beim Lipoprotein. Keine dieser Veränderungen wurde in der Ausdauertrainingsgruppe festgehalten.
Schlussfolgerungen	Das Krafttraining war effektiver als das Ausdauertraining für die glykämische Kontrolle. Zusätzlich wurde ein verbessertes Lipidprofil festgestellt. Deshalb kann das Krafttraining eine entscheidende Rolle bei der Behandlung von T2D sein.

6 Literaturverzeichnis

Buskies, W. & Boeckh-Behrens, W.-U. (2009). *Fitness-Gesundheits-Training. Die besten Übungen und Programme für das ganze Leben* (Bd. 61084). Reinbek bei Hamburg: Rowohlt.

Buskies, W. (1999). Sanftes Krafttraining nach dem subjektiven Belastungsempfinden versus Training bis zur muskulären Ausbelastung. *Deutsche Zeitschrift für Sportmedizin, 50* (10), 316–320.

Cauza, E., Hanusch-Enserer, U., Strasser, B., Ludvik, B., Metz-Schimmerl, S., Pacini, G. et al. (2005). The relative benefits of endurance and strength training on the metabolic factors and muscle function of people with type 2 diabetes mellitus. *Archives of Physical Medicine and Rehabilitation*, 86(8), 1527-1533. https://doi.org/10.1016/j.apmr.2005.01.007

Fröhlich, M., Müller, T., Schmidtbleicher, D. & Emrich, E. (2009). Outcome-Effekte verschiedener Periodisierungsmodelle im Krafttraining. *Deutsche Zeitschrift für Sportmedizin, 60* (10), 307–314.

Greiwing, A. & Freiwald, J. (2005). Effects of three resistance training methods on maximal strength endurance and muscle thickness of the m. quadriceps femoris. In J. Gießing, M. Fröhlich & P. Preuss (Hrsg.), *Current results of strength training rese-arch. An empirical and theoretical approach* (1. Aufl, S. 65–79). Göttingen: Cuvillier.

Hois, G. & Ziegner, A. (2006). Grundlagen des mehrgelenkigen Trainings in Theorie und Praxis. *Bewegungstherapie und Gesundheitssport, 22*, 18–25.

Kraemer, W. J. & Fleck, S. J. (2007). *Optimizing strength training. Designing nonlinear periodization workouts*. Champaign, Ill: Human Kinetics.

Naylor, L. H. Davis, E. A., Kalic, R. J., Paramalingam, N., Abraham, M. B., Jones, T. W. et al. (2016). Exercise training improves vascular function in adolescents with type 2 diabetes. *Physiological Reports*, 4(4). https://doi.org/10.14814/phy2.12713

Stone, M. H., Collins, D., Plisk, S., Haff, G. G. & Stone, M. E. (2000). Training principles: evaluation of modes and methods of resistance training. *Strength and Conditioning Journal*, 22 (3), 65–76.

Trunz, E., Freiwald, J. & Konrad, P. (2002). *Fit durch Muskeltraining*. Hamburg: Rowohlt.

Willimczik, K., Daugs, R. & Olivier, N. (1991). Belastung und Beanspruchung als Einflussgrößen der Sportmotorik. In N. Olivier & R. Daugs (Hrsg.), *Sportliche Bewegung und Motorik unter Belastung* (S. 6–28). Clausthal-Zellerfeld: DVS.

Wirth, K., Aatzor, K. R. & Schmidtbleicher, D. (2007). Veränderungen der Muskelmasse in Abhängigkeit von Trainingshäufigkeit und Leistungsniveau. *Deutsche Zeitschrift für Sportmedizin*, 58 (6), 178–183.

Wolfe, B. L., Le Mura, L. & Cole, P. J. (2004). Quantitative analysis of single- vs. multiple-set programs in resistance training. *Journal of Strength and Conditioning Research, 18* (1), 35–47.

7 Tabellenverzeichnis